LA MARIPOSA MONARCA

David M. Schwartz, galardonado autor de libros infantiles, ha escrito libros sobre diversas materias que han deleitado a niños de todo el mundo. El amplio conocimiento de las ciencias y el sentido artístico de Dwight Kuhn se combinan para producir fotografías que captan las maravillas de la naturaleza.

David M. Schwartz is an award-winning author of children's books, on a wide variety of topics, loved by children around the world. Dwight Kuhn's scientific expertise and artful eye work together with the camera to capture the awesome wonder of the natural world.

Please visit our web site at: www.garethstevens.com
For a free color catalog describing Gareth Stevens Publishing's list of high-quality books and multimedia programs,
call 1-800-542-2595 (USA) or 1-800-461-9120 (Canada). Gareth Stevens Publishing's Fax: (414) 332-3567.

Library of Congress Cataloging-in-Publication Data

Schwartz, David M.
    [Monarch butterfly. Spanish]
    La Mariposa monarca / David M. Schwartz; fotografías de Dwight Kuhn; [Spanish translation, Guillermo Gutiérrez and Tatiana Acosta]. —
North American ed.
      p. cm. — (Ciclos de vida)
    Includes bibliographical references and index.
    Summary: Photographs and brief text describe the various stages in the life cycle of the monarch butterfly. Includes simple activities.
    ISBN 0-8368-2998-0 (lib. bdg.)
    1. Monarch butterfly—Juvenile literature. [1. Monarch butterfly. 2. Butterflies. 3. Spanish language materials.] I. Kuhn, Dwight, ill. II. Title.
QL561.D3S2518   2001
595.78'9—dc21   2001042670

This North American edition first published in 2001 by
Gareth Stevens Publishing
A World Almanac Education Group Company
330 West Olive Street, Suite 100
Milwaukee, WI 53212 USA

Also published as *Monarch Butterfly* in 2001 by Gareth Stevens, Inc.
First published in the United States in 1999 by Creative Teaching Press, Inc., P.O. Box 2723, Huntington Beach, CA 92647-0723.
Text © 1999 by David M. Schwartz; photographs © 1999 by Dwight Kuhn. Additional end matter © 2001 by Gareth Stevens, Inc.

Gareth Stevens editor: Mary Dykstra
Gareth Stevens graphic design: Scott Krall and Tammy Gruenewald
Translators: Tatiana Acosta and Guillermo Gutiérrez
Additional end matter: Belén García-Alvarado

Printed in the United States of America

1 2 3 4 5 6 7 8 9 05 04 03 02 01

LA MARIPOSA MONARCA

David M. Schwartz
fotografías de Dwight Kuhn

TRAMPOLÍN A LA
CIENCIA

Gareth Stevens Publishing
A WORLD ALMANAC EDUCATION GROUP COMPANY

En los días soleados de verano, alas negras y anaranjadas revolotean sobre los campos. Son las brillantes alas de las mariposas monarca. La mariposa monarca vuela de flor en flor, posándose a descansar sólo por un instante.

Deteniéndose en una planta de algodoncillo, la mariposa monarca pone un huevo. El huevo es del tamaño de la punta de un lápiz, y brilla al sol como una diminuta joya. Es la primera etapa en el ciclo de la vida de una mariposa.

Después de unos días, el huevo se oscurece. Comienza a aparecer la cabeza de una oruga que empuja la fina cáscara del huevo hasta romperla. La oruga, o larva, se arrastrará fuera del huevo hasta llegar a la planta de algodoncillo. La larva es la segunda etapa en el ciclo de la vida de una mariposa.

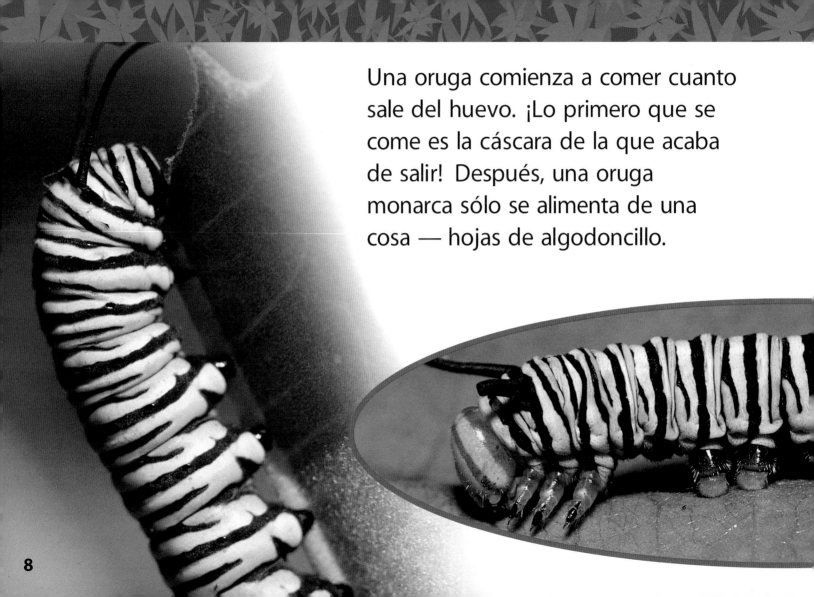

Una oruga comienza a comer cuanto sale del huevo. ¡Lo primero que se come es la cáscara de la que acaba de salir! Después, una oruga monarca sólo se alimenta de una cosa — hojas de algodoncillo.

Una oruga come hasta que ya no cabe en su propia piel. En ese momento, debe hacer una muda. La oruga abandona su antigua piel y se marcha envuelta en una nueva. Durante las dos semanas siguientes, la oruga mudará de piel cuatro o cinco veces.

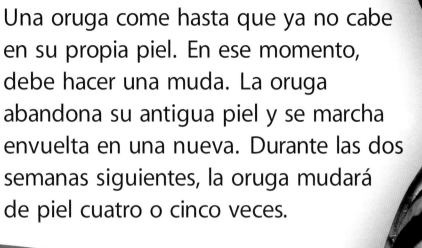

Entonces, ocurre algo sorprendente. La oruga deja de arrastrarse. Deja incluso de comer. Se sujeta a una hoja o a una ramita, y se cuelga boca abajo por las patas traseras. La piel se parte y se desliza hacia arriba. Debajo hay una capa dura. La oruga es ahora una crisálida o pupa, la etapa siguiente en el ciclo de la vida de una mariposa.

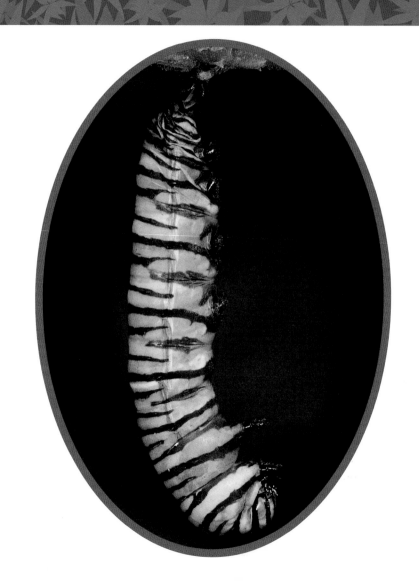

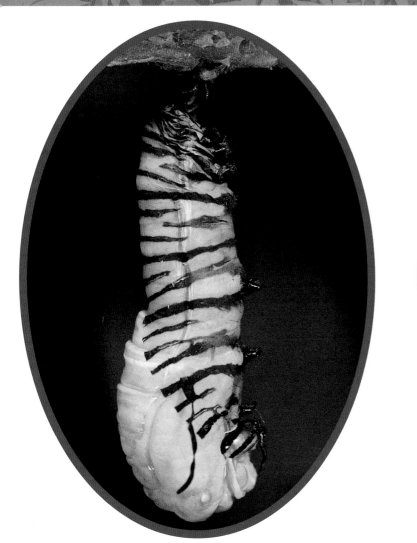

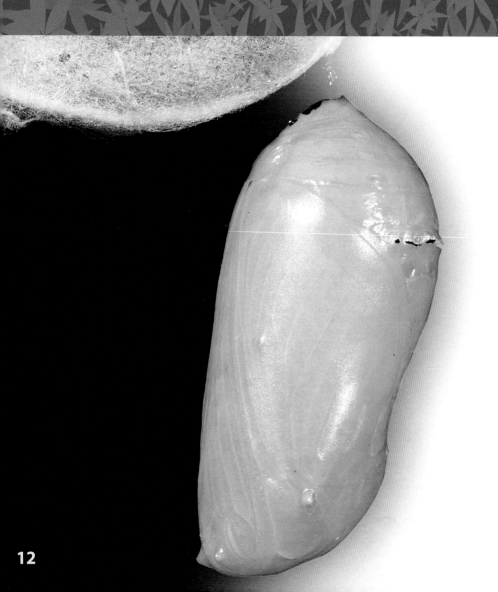

Al principio, la crisálida
tiene un color verde
pálido con puntos
dorados pero, poco a
poco, la capa que la
recubría se va haciendo
transparente. En su
interior, puedes ver que
la oruga ha cambiado.
¡Se está convirtiendo
en una mariposa!

Después de una semana, aproximadamente, la pupa se abre, ¡y una catarina adulta sale de su interior! Tiene el cuerpo suave y húmedo, es amarilla y no tiene puntos.

Finalmente, la crisálida se rompe,
y la nueva mariposa sale. Sus
alas están húmedas y dobladas,
pero se van enderezando a
medida que les llega la sangre.
La mariposa se mantiene inmóvil
durante unas horas, mientras las
alas se secan y se endurecen.
Luego, echa a volar.

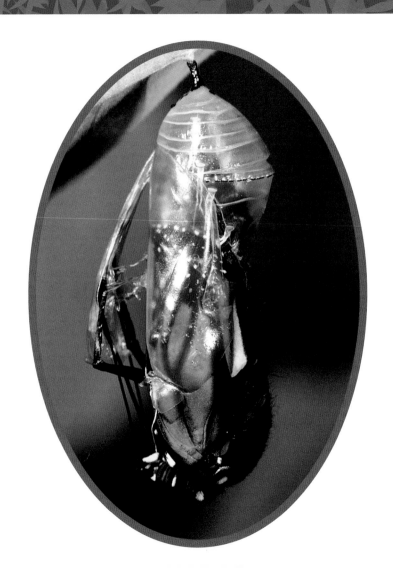

15

Como todas las mariposas monarca, ésta busca flores de algodoncillo para alimentarse de su néctar. Ha pasado por las cuatro etapas de su ciclo de vida — huevo, larva, pupa y adulto — en apenas un mes. El conjunto de estos cambios reciben el nombre de metamorfosis.

Esta mariposa monarca es una hembra. Ahora depositará sus huevos en las hojas de una planta de algodoncillo, y así se iniciará el ciclo de vida de otras mariposas monarca.

¿Puedes poner en orden las siguientes etapas del ciclo de vida de una mariposa monarca?

Respuesta

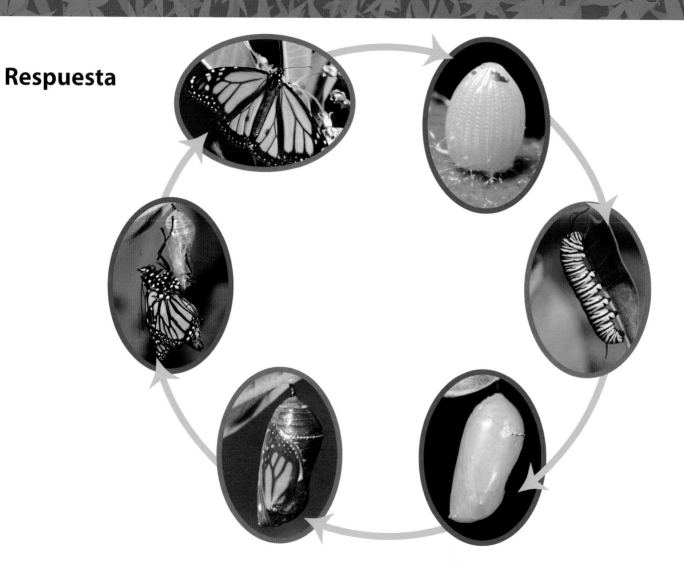

GLOSARIO

algodoncillo: planta silvestre con tallos y hojas recubiertos de pelusa que contienen un líquido lechoso, y vainas que en otoño lanzan semillas algodonosas que flotan en el aire.

antigua: vieja.

arrugado: lleno de arrugas o pliegues.

crisálida: forma que toma una mariposa diurna durante la fase de pupa.

endurecerse: ponerse rígido o duro.

etapa: momento en que se produce un hecho significativo en el desarrollo de un animal o de una planta.

larva: fase por la que pasa un insecto inmediatamente después de salir del huevo, en la que carece de alas y tiene aspecto de gusano.

metamorfosis: conjunto de cambios por los que atraviesan determinados animales antes de alcanzar la madurez; cambio profundo que se produce en etapas.

mudar: eliminar una capa externa de piel, plumas o pelo antes de que aparezca una nueva.

néctar: líquido dulce que hay en las flores y que les gusta a muchos insectos y pájaros.

oruga: larva de una mariposa.

posarse: detenerse con suavidad un ave o insecto sobre un objeto después del vuelo.

pupa: fase de la vida de un insecto en que la larva se convierte en adulto.

revolotear: volar moviendo las alas con rapidez.

ACTIVIDADES

¡Una mariposa sale de la bolsa!

¡Crea una mariposa con una bolsa de plástico transparente! Pon trocitos de papel de seda o de cartulina en una bolsa de guardar comida con cremallera y ciérrala. Luego, abraza la bolsa por el centro con una pinza, de modo que ésta se convierta en el cuerpo de la mariposa. Usa limpia pipas para hacer las antenas y las patas, y dibuja los ojos y otros detalles. Ahora, cuelga tu linda mariposa en una ventana soleada.

Banquete para mariposas

Visita una tienda de plantas para buscar información sobre flores que atraen mariposas y sobre plantas de jardín, que les gustan a las orugas, como el eneldo. Averigua cuáles crecen mejor en tu zona y planta un jardín para mariposas. Si te falta espacio, planta tu jardín en tiestos.

Metamorfosis de mariposa

Busca fotos de mariposas diurnas y nocturnas en libros o en Internet. Haz una lista de las diferencias entre ambos tipos; por ejemplo, en las antenas, y en su aspecto durante la etapa de pupa. Estudia el ciclo de vida de alguna mariposa nocturna, como la esfinge, y luego dibuja las cuatro etapas de su metamorfosis.

Refugio invernal

Busca tu estado en un mapa. Luego, busca México, país al que emigran en invierno muchas mariposas monarca. Marca con hilo una ruta posible entre tu estado y México. Nombra los estados por los que pasaría una monarca en tu ruta. Trata de obtener más datos sobre la ruta que podría seguir realmente una monarca para llegar a un lugar cálido desde tu área.

Más libros para leer

Cómo son las mariposas. David Cutts (Sitesa)
De la oruga a la mariposa. Paul Whalley (Altea / Santillana)
El fascinante mundo de las mariposas. Maria Àngels Julivert (Parramón Editores)
La mariposa. Teresa Durán (Editorial La Galera)
La mariposa bailarina. Carlos Ruvalcaba. (Santillana)
Mariposa monarca vuelo de papel. Fernando P. Ortiz Monasterio, Valentina Ortiz
    Monasterio (CIDCLI)

Páginas Web

http://msnhomepages.Talkcity.com/Terminus/biosfera/
http://proton.ucting.udg.mx/~bros/inde.html
http://www.crefal.edu.mx/rds/ninios/conoc.htm
http://www.virtualmuseum.ca/Exhibitions/Butterflies/espanol/faq/f_home.html

Algunas páginas Web no son permanentes. Puedes buscar otras páginas Web usando un buen
buscador para localizar los siguientes temas: *mariposas*, *orugas*, *metamorfosis* y *monarcas*.

ÍNDICE

adulto 16
alas 5, 14
algodoncillo 6, 7, 8, 16
alimentarse 16
arrastrarse 7, 10

campo 5
cáscara 7, 8
comer 8, 9, 10
crisálida 10, 12, 14

flor 5, 16

hembra 16
hoja 8, 10, 16
huevo 6, 7, 8, 16

larva 7, 16
luz del sol 5, 6

metamorfosis 16
mudar 9

néctar 16

oruga 7, 8, 9, 10, 12

patas 10
piel 9, 10
planta 6, 7, 16
pupa 10, 16

revolotear 5

salir del huevo 8
sangre 14

verano 5
volar 5, 14